www.tredition.de

AF165683

Angelika Ohland

Ein Poet auf vier Pfoten

www.tredition.de

© 2015 Angelika Ohland

Verlag: tredition GmbH, Hamburg

ISBN
Paperback: 978-3-7323-6298-1
Hardcover: 978-3-7323-6299-8

Printed in Germany

Das Werk, einschließlich seiner Teile, ist urheberrechtlich geschützt. Jede Verwertung ist ohne Zustimmung des Verlages und des Autors unzulässig. Dies gilt insbesondere für die elektronische oder sonstige Vervielfältigung, Übersetzung, Verbreitung und öffentliche Zugänglichmachung.

Die grau gedruckten Textpassagen sind aus dem Buch von Susanne Kerl „Hovawart, das große Rassehandbuch", 1. Auflage 2003 erschienen im Müller Rüschlikon Verlag.

Foto-/Collagengestaltung erfolgte zum Teil mit den Bildbearbeitungsprogrammen der Firma PhotoFancy GmbH, DE-30823 Garbsen.
www.photofancy.de

Vielen Dank an den Müller Rüschlikon Verlag, an Frau Susanne Kerl und an PhotoFancy für die freundliche Genehmigung!

Der Gedichteschreiber „Alois", geb. am 16.02.2005, stammt aus dem Hovawartzwinger „vom Himmelgarten".
www.himmelgartenhovis.de

Herzlichen Dank an die Züchterin Manuela Werner.
Was wäre wohl aus uns geworden, ohne die vielen Ratschläge und stundenlangen Telefonate … auch nach nun fast 11 Jahren hat sie immer noch ein Ohr für uns!

Erwartungen auf beiden Seiten,
Freude überall,
Neues wo man nur hinschaut.
Der gemeinsame Weg beginnt …

Die wunderschöne Welpenzeit ...

... und das verrückte Flegelalter

Corbie – die Mama von Alois

Hovawarte werden in den Farben blond, schwarz und schwarzmarken gezüchtet.

*Die war doch schon mal da, hab ich gedacht
und nun kommt sie wieder,
freut sich und ist ganz aufgeregt.
Es wird gesprochen und diskutiert,
mein Spielzeug geholt, mit abtransportiert.
Nun werde auch ich an die Leine gelegt
und gedrückt an die Brust einer FREMDEN.
Gerade noch mit meiner Mama gespielt,
verabschiedet,
Aufbruch in eine neue Welt.
Die Fahrt ist lang,
ich bin unsicher, weiß nicht was passiert.
Doch die Fremde gibt mir Halt und Sicherheit.
Fühl mich schon bald geborgen
und spüre LIEBE.*

*Hovawartwelpen stecken voller
Charme und Neugier.
Sie gut ins Leben zu begleiten,
ist eine beglückende Herausforderung
und der Beginn einer langen, engen
Freundschaft.*

Eine neue Umgebung, neue Gerüche,
neue Freunde,
einfach alles NEU.
Aber so aufregend,
ich darf alles erkunden,
an deiner Seite,
du zeigst mir den Weg,
ignorierst und korrigierst mich,
wenn ich meine verrückten fünf Minuten habe.
Wir finden eine gemeinsame Sprache,
VERSTEHEN uns
und die Fremde
wird zu meinem FRAUCHEN.

Wo willst du mit mir hin?
Ich bin ganz gespannt.
Oh, da sind ja ganz viele andere Hunde.
Große und kleine,
blond, schwarz und braun…
Frauchen, wollen wir uns die mal anschauen?
Ja, ich darf spielen und toben,
lauf um die Wette mit Paule, Cora und Bär.
Wo kommen die nur alle her?
Doch da ruft Frauchen,
HIER HER
Soll ich mein schönes Spiel schon beenden?
Bin hin und her gerissen,
sie läuft weg, entschwindet meinem Blick!
Hinterher, ich will mit.
Ein Lachen empfängt mich, ich werde gelobt,
es hat sich ausgetobt.
Und wir fahren gemeinsam nach Hause.

*Hovawarte haben eine selbstbewusste,
edle und gleichzeitig lebenslustige Ausstrahlung.
Auf einen Nenner gebracht,
könnten folgende Wesensattribute
hinter dem Namen dieser Rasse stehen:*

H wie herzlich
O wie originell
V wie verlässlich
A wie ausgeglichen
W wie wachsam
A wie arbeitsfreudig
R wie rudeltreu
T wie temperamentvoll

Der Alltag hat begonnen!
Habe verstanden,
du bist nicht den ganzen Tag für mich da.
Musst zur Arbeit gehen,
an einem Tisch sitzen
und in so einen flimmernden Kasten starren.

Den Sinn verstehe ich nicht,
das muss wohl so sein.
Doch du nimmst mich mit,
ich darf an deinem Arbeitstag teilhaben,
soll auf meiner Decke liegen
und brav sein.
Klappt auch meistens!
Bis deine Kollegen kommen,
um mich zu knuddeln,
weil ich doch so süß bin.
Dann gibt es kein Halten mehr,
ich flitze durchs Büro,
Slalom durch Tischbeine, Stühle und Computerkabel.
Was für ein lustiges BÜROLEBEN…
bis dein Chef kommt.
Schnell zurück auf meine Decke –
War was?

Fand es zwar nicht gerade toll,
hab still gehalten,
ließ es über mich ergehen.
Nun bin ich frisch gebürstet und gekämmt
und einfach nur
SCHÖN.

*Der Hovawart vereint Temperament
und Nervenstärke,
Wachsamkeit und Intelligenz.
Trotz Verspieltheit
passt er bestens
auf Haus und Grundstück auf.*

Geschimpft hast du mit mir,
habe nicht so gefolgt,
wie du es erwartet hast von mir.
Wollte doch nur dem anderen zeigen,
dass ich hier der Wächter bin und ihn vertreiben.
Bin ein Hovawart und passe auf dich auf,
und wehe ein FREMDER ist in Sicht,
wirst sehen,
so schnell laufen kann der nicht!

Feuchte Nase,
doch woher?
Was fällt denn da vom Himmel nieder?
Tänzelnd und ganz sanft
setzen sich die weißen Flocken auf mein Fell.
Ich bin fasziniert von dieser Pracht.
Es SCHNEIT!

*Hovawarte sind viel zu intelligent,
um sich mit den Hundesportaufgaben
zufrieden zu geben.
Für kleine Sondereinlagen
und kreatives Tricktraining
sind sie immer zu haben.*

Ich geh ja schon auf meine Decke.
Und dann?
Was versteckst du denn da?
Bleib!
Und ja, nun kommt das Zauberwort -
Such!
In Windeseile schnüffel ich durchs Haus.
Gefunden!
Unter dem Tisch, hinter dem Sofa,
bei meinem Teddy,
alle Leckerlies nur für mich!
Die Suche hat sich gelohnt,
das bedeutet HUNDE-GLÜCK.

Die Pubertät ist für den Hovawart eine Zeit seelischer Höhen und Tiefen.

Labile Phasen verlaufen in Schüben und sind normal. Der Organismus macht gewaltige Veränderungen durch.

Kein Wunder, wenn die Hormone Purzelbäume schlagen und für merkwürdiges Verhalten sorgen!

Obwohl sie groß wirken, sind pubertierende Hovawarte längst noch nicht voll belastbar.

Ist Ihrer ein Rüde?
Wirst du gefragt.
Was die Menschen für dumme Fragen stellen!
Habe doch schon längst erkannt,
wer da von Weitem kommt angerannt.
Mein Herz geht auf und klopft ganz wild,
ein Traummädchen, was für ein Bild.
Bin VERLIEBT
und möchte sie schnell begrüßen.
Aber nein!
Wir gehen in die andere Richtung.
Kein Beschnüffeln, keine Liebelei.
Verdammt,
was die Menschen immer so allein beschließen.

*Andere FELLNASEN gibt es überall.
Hunde-Freundschaften werden geschlossen,
Hunde-Feindschaften aus dem Wege gegangen.*

Frauchen ist die Beste auf der Welt,
keine Frage!
Doch da gibt es auch noch
mein HERRCHEN,
nicht unerwähnt lassen möchte ich ihn.
Er ist mein Held,
mein Raufbold,
mein Joghurt-Spender,
mein Käsewürfel-Geber,
mein Frühstücksei-Öffner,
mein Fels in der Brandung.
Uns verbindet
wahre MÄNNERLIEBE!

*Eine tabulose, antiautoritäre Erziehung
schadet dem Hovawart,
ebenso wie übertriebene Strenge.
Gelungene Hovawarterziehung
beinhaltet viele Freiheiten
und einige ganz konsequent gesetzte Grenzen.*

Nein!
Aber so heiße ich doch nicht,
warum rufst du denn nicht meinen Namen?
Nein, Aus, Pfui!
Aber es ist doch so schön,
den Hasen zu jagen,
nach Mäusen zu graben,
den Garten zu pflügen,
und einfach nur ein verrückter Teenager zu sein.
Aber anscheinend magst du das nicht
willst, dass ich lerne und lieb bin.
Ich füge mich ein und lerne dazu,
und bin ERWACHSEN im Nu.

*Das Flegelalter hinter uns,
die GOLDENEN JAHRE
vor uns.
Verlässlichkeit,
Souveränität,
blindes Verstehen.
Wir sind ein
unschlagbares Team!*

Die goldenen Jahre

vom 24. Monat bis zum 8. Lebensjahr

Stehe morgens mit dir auf,
beim Frühstück ein Leckerli abgestaubt,
auf zum Spaziergang.
SCHNÜFFELN,
Geschäfte machen
und soziale Kontakte pflegen.
Wieder zurück bin ich ganz entzückt.
Wer hat denn da was
in meinen Napf gezaubert?
Ach! Ich liebe dieses Hundeleben!

*Hovawarte sind generell
auch im Erwachsenenalter sehr feinfühlig.
Die Kunst des harmonischen Umgangs
liegt im richtigen Lesen
ihres Ausdrucksverhaltens
und im Ausbalancieren des Führungsstils.*

*Auf den Hundeplatz gehst du mit mir.
Wir üben Sitz, Platz, Fuß,
das klappt sehr gut.
Doch schnell hast du gemerkt,
viel wichtiger
als ausgeführte Kommandos ist es doch,
dass ich ALLTAGSSITUATIONEN
souverän und gelassen meistere.
Danke –
wir haben unseren gemeinsamen Weg gefunden.*

*Gespannte Aufmerksamkeit,
keiner nähert sich dem Grundstück,
ohne gemeldet zu werden –
sei es durch warnendes Bellen
oder durch hohes Freudenjaulen.
Hovawarte sind sehr territorial.*

*Das Wachen hält der Hovawart
ein Leben lang für seine Pflicht.*

Es klingelt an der Tür!
Nicht trainiert und beigebracht,
aber trotzdem gebe ich acht.
Kündige den BESUCHER an,
und bei Freunden
der glücklichste Hund
bin ich sodann.

Ein Paket für mich!
Was verbirgt es Gutes?
Ich brauche deine HELFENDE HAND.
Schnell öffnen, auspacken,
und dann siehst du wie ich mich freue.
Danke Frauchen … das war lecker!

*Wenn doch jetzt nur ein Hase aufspringen würde!
Über kurze Strecken Wild zu verfolgen, gefällt
Hovawarten durchaus.
Glücklich machenden Hetzerlebnissen im Flegelalter
sollte vorgebeugt werden.
Wenn der Hovawart jedoch Gelegenheit zur Hatz
bekommt, ist er Sichtjäger. Es geht ihnen in der
Regel eher darum, den schnellen Lauf zu genießen, als
wirklich Beute zu machen. Ist das Wild außer Sicht,
erlischt das Interesse schnell.*

*Schneller,
immer schneller laufen wir
über Felder und Wiesen,
der Morgen ist noch frisch,
die Sonne zeigt gerade erst ihr Gesicht
und es duftet so gut.
Du riechst das frisch gemähte Gras
und ich… war da nicht eben ein Hase?
Nein, keine Angst, ich bleibe bei dir,
auch wenn eine Jagd
manchmal so verlockend wäre,
sie ist nichts im Vergleich
zu einem Spaziergang mit DIR.*

TRAUER in deinen Augen,
alles ist auf einmal anders,
wo ist deine Freude,
das Lachen in deinem Gesicht?
Ich spüre, es stimmt irgendetwas nicht.
Schnell komme ich zu dir gelaufen,
meine Schnauze auf dein Knie gelegt,
ein Stups soll dich erheitern.
Und da ist es wieder, du lächelst.
Sachte, nur sachte aber doch mit Zuversicht.
Ich gebe dir Wärme und all meine Liebe
und schlafe auf deinen Füßen ein.

Nebelschwaden liegen in der Luft.
Leise! Leise!
Hab die OHREN gespitzt,
bin schnell wie der Blitz,
dem Reh hinterher gelaufen.
Doch da ertönt dein Rufen!
Ohren gespitzt
und schnell wieder zu dir geflitzt.

*Als Hund muss ich WACHEN
über Hab und Gut,
beschützen den Garten, das Haus
und meine Familie.
Ich nehme das sehr genau,
bin auch viel zu schlau
und keiner entkommt mir.
Wau, Wau!*

*Viele Menschen in der Masse,
ich nicht so schnell verprasse.
Jedoch ein einzelner fremder Mann,
der uns im Dunkeln entgegenkommt,
wird ANGEBRUMMT - prompt!*

Bin zwar BLOND
aber doch kein Golden Retriever.
Allzu oft wurdest du schon danach gefragt.
Doch schaut man mal genauer hin,
ist doch klar zu erkennen,
das andere Kinn,
der größere Körper,
das längere Fell.
Auch der Charakter ist nicht zu vergleichen.
Ich bin ein Wächter,
bei Fremden gebe ich acht
und bin nicht ganz so sacht -
wie der andere Blonde.

Manchmal bin ich ein DIEB,
aber die Äpfel sind einfach zu gut
und schmecken so süß und lecker.
Verdammt, schon wieder hast du mich erwischt,
mit dem Apfel in meiner Schnauze.
Ich dachte, der Baum im Garten
wär extra für mich,
etwa nicht?

Was gibt es Schöneres als im Teich zu baden?
Plitsch, Platsch und schon bin ich drin,
ist gar nicht schlimm,
auch wenn ich dadurch die Fische verjage.
Wie ein Jungbrunnen erscheint es mir.
Schnell noch gewälzt im frischen Gras,
und schon stehe ich wieder vor dir – NASS.

*Hat der Hovawart
die ersten Lebensjahre hinter sich,
stellt sich eine größere Gelassenheit ein,
aber die Lebensfreude bleibt erhalten.
Der Einsatz in der Welpen- und Jugendzeit
hat sich gelohnt –
der Hund ist voll in die Familie integriert.*

*Geliebt und verwöhnt
werde ich nicht nur von dir.
Immer wieder kommt
die liebe ältere Dame zu mir.
Wir spielen und schmusen
und sie ist da,
bis du wieder zurück bist -
unsere OMA.*

*Das mittelhochdeutsche Wort „Hovawart"
bedeutet so viel wie
„Wächter der Habe" oder „des Hofes".
Wach- und Hofhunde
unterlagen harten Auslesekriterien.
Robustheit, Genügsamkeit und
wenig Wildpassion gehörten dazu.*

*Gemeinsam brechen wir auf,
es ist schon spät,
die Sichel des Mondes leuchtet sanft,
im Dunkeln bin ich dicht an der deiner Seite.
BESCHÜTZEND,
abwehrend,
wachsam!*

*Vorfreude liegt in der Luft,
das kann ich ganz deutlich spüren.
Koffer werden gepackt und verstaut,
das Auto gefüllt bis zum letzten Platz.
So langsam werde auch ich unruhig,
laufe hin und her,
weiß nicht so recht was passiert.
Was soll der ganze Trubel?
Jetzt wird auch meine Tasche gepackt,
mein Futter, meine Decke alles kommt mit
und zum Schluss die Erlösung:
Einsteigen… ab in den URLAUB.*

*Angekommen,
große Birken und Tannen
säumen den Weg,
am Ende ein kleines Häuschen steht,
eingebettet in weites Land.
Wir halten an,
steigen aus
und sind hier für eine Weile zu Haus.
Wunderbare URLAUBSZEIT!*

Meine Pfoten versinken im weichen Sand,
wir sind an einem wunderschönen Strand,
an dem ich darf rennen und spielen.
Wo wirfst du denn mein Spielzeug hin?
Laufe schnell und schon bin ich drin,
im kühlen Nass,
was für ein Spaß.
Immer meinem Spielzeug hinterher,
habe ich plötzlich keinen Grund mehr.
Ich schwimme,
das ist gar nicht schwer,
bin so glücklich,
wir sind GEMEINSAM am MEER.

*Herrchen hat mir beigebracht,
auf GROSSE VÖGEL,
gib gut acht.
So sitze ich am Teiches Rand,
belle,
komme angerannt
und jedes Federvieh wird sogleich verbannt.*

*Dass mir der Hund das Liebste sei,
sagst du, o Mensch, sei Sünde.
Der Hund blieb mir im Sturme treu,
der Mensch nicht mal im Winde.*

(Franz von Assisi)

*Ich bin da für dich,
dein treuer Begleiter,
jeder deiner Wege,
möge auch der meine sein.
Gemeinsamkeit zeichnet uns aus,
verbunden ohne Worte
… unendliche TREUE.*

Der LEBENSABEND,
begonnen hat er.
Ganz schleichend,
mehr Ruhe,
alles ein wenig langsamer
aber mit vielen Schmuseeinheiten.
Ich für dich und du für mich,
unsichtbar verbunden.

Der Lebensabend

ab dem 8. Lebensjahr

*Im gesetzten Alter bin ich nun,
aber immer noch wachsam,
mit Spaß an SPORT und SPIEL.
Andere männliche Fellnasen werden akzeptiert
oder einfach ignoriert von mir.
Jedes Alter hat etwas Schönes,
so viele Erfahrungen durfte ich machen mit dir,
und kann nun mein Seniorendasein
in vollen Zügen genießen -
Friede, Freude, Hundekuchen!*

Ich bin dein SCHMUSEBÄR,
du sagst,
dich geb ich nie mehr her.
Schönes Gefühl,
sich so umsorgt
und geliebt zu wissen.

*Unwohl, schlapp und krank fühle ich mich.
Besorgt schaust du mich an,
erkennst auch ohne Worte,
etwas stimmt da nicht.
FÜRSORGE, Wärme und Pflege
und es geht wieder bergauf.*

Die RUHE kehrt zurück,
gemeinsame Auszeit,
innehalten,
träumen,
auftanken,
Kraft sammeln
für neue Abenteuer.

ABENTEUER warten IMMER NOCH
auf mich,
man muss sie nur entdecken:
Ein MAUSELOCH,
in das ich meine Nase stecke,
Nachbars Katze,
die ich im Garten erschrecke,
den Hasen
hinter der Hecke,
den Postboten,
den ich so gerne verjagt hätte.
Dies alles bietet so viel Spaß,
hat jedoch leider auch sein Maß!

Du nennst mich
WASSERRATTE,
Wellenreiter,
Bademeister -
Es gibt wohl kaum etwas Schöneres,
als sich in das kalte Nass zu stürzen.

„für Bella…"

*Es ist mir unverständlich,
wie Menschen
so etwas BÖSES machen können.
Am Wegesrand,
ganz unerkannt,
versteckt unter den Büschen.
Dort hat sie es gefunden
und hungrig wie wir Hunde sind
sofort gefressen.
Sie hat gekämpft,
ihr Frauchen und der Arzt
haben alles versucht.
Doch es war zu spät,
das Gift zeigte allzu schnell seine Wirkung.
Eine Freundin ging über die Regenbogenbrücke
und möge nun in Frieden ruhen.*

*Als Welpe manchmal missverstanden -
habe ich dich,
im Laufe der Jahre gelernt -
verlassen kann ich mich auf dich.
Mit Ruhe und Gelassenheit,
jetzt im ALTER
zur unzertrennlichen EINIGKEIT.*

*Zum Abschluss noch ein Dankeschön,
dass ihr mein Büchlein habt gelesen.
Ein kleiner Auszug ist nur,
ein Wimpernschlag in meinem Leben.
Mögen meine Worte zeigen,
wie wundervoll die Freundschaft
zwischen Mensch und Hund
sein kann!*